AF462205

ABRÉGÉ DES LOIS
ET
RÉGLEMENS
SUR
LA RESTAURATION
ET
LA CONSERVATION
DES
CHEMINS VICINAUX.

Rédigé sous les auspices de M. le GÉNÉRAL BARON de l'empire, PRÉFET du Pas-de-Calais.

Par P. L. A. LEDUCQ, *Chef de division à la Préfecture.*

A ARRAS,
de l'Imprimerie de LEDUCQ DE FONTAINE.

1812.

ABRÉGÉ DES LOIS ET RÉGLEMENS SUR LA RESTAURATION ET LA CONSERVATION DES CHEMINS VICINAUX.

La Voirie se divise en deux branches : en grande et en petite Voirie.

Chacune de ces deux branches comprend l'administration et la police de conservation.

La grande Voirie est régie par des lois

particulières qui ne doivent pas figurer dans ce recueil, notamment par le décret impérial du 16 décembre 1811, inséré au bulletin des lois N.° 418.

La petite Voirie ou la Voirie municipale comprend la sureté, la salubrité et la commodité dans les rues, quais, places et voies publiques, et conséquemment le nétoiement, l'enlèvement des encombremens, le pavage, les étalages mobiles, l'interdiction d'exposer aux fenêtres ou autres parties des bâtimens, aucun objet qui puisse nuire par sa chute; les saillies quelconques sur les rues et places, les cloaques et fumiers dans l'intérieur des communes et même au dehors à des expositions nuisibles à la salubrité; les échafaudages, la démolition des bâtimens menaçant ruine, la clôture des emplacemens vacans, dangereux ou pouvant servir de retraite aux malfaiteurs, (loi du 22 juillet 1891 relative à la police minicipale).

L'administration de la petite Voirie est attribuée à l'autorité municipale par le décret du 24 octobre 1789.

Il ne sera question dans ce recueil que de

ce qui concerne les Chemins Vicinaux, qui font partie de la petite Voirie.

L'article 1.er de la loi du 16 frimaire an 2 dispose que les Chemins Vicinaux continueront d'être aux frais des administrés.

Un arrêté du Directoire Exécutif du 23 messidor an 5 dispose :

Art. 1.er « Dans chaque département « l'administration centrale fera dresser un « état général des Chemins Vicinaux de son « arrondissement de quelque espèce qu'ils « puissent être.

Art. 2. « D'après cet état elle constatera « l'utilité de chacun des chemins dont il sera « composé.

Art. 3 « Elle désignera ceux, qui, à raison « de leur utilité, doivent être conservés, et « prononcera la suppression de ceux reconnus inutiles.

Art. 4 « L'emplacement de ces derniers « sera rendu à l'agriculture.

L'arrêté du Gouvernement du 8 thermidor an 10 (bulletin de lois N.° 203) dispose, article 6, que les Chemins Vicinaux seront à la charge des communes ; que les Conseils minicipaux émettront leur vœu sur le mode qu'ils jugeront le plus convenable pour parvenir à leur réparation et qu'ils proposeront à cet effet, l'organisation qui leur paroitrait devoir être préférée *pour la prestation en nature*.

Extrait de l'arrêté du Préfet du 8 thermidor an 10.

« Le PRÉFET du Département du Pas-de-« Calais, considérant qu'il lui parvient de « toutes parts des réclamations sur le mau-« vais état des Chemins Vicinaux et de tra-« verse, des rues et ruelles des communes ; « sur les emprises * faites auxdits chemins, « d'où résulte leur interruptiou dans plusieurs « endroits, et sur la nécessité d'apporter un « prompt remède à cet état de chose.

« Vû les ordonnances non abrogées des ci-« devant États d'Artois, des 1er. mai 1768, « 7 mai 1773, 20 décembre 1775, 16 jan-« vier 1778, contenant des mesures pour la « réparation des Chemins Vicinaux et de « traverse, ainsi que des rues des commu-

---

Nota * Le mot *emprise* qui se trouve répété plusieurs fois dans ce recueil est usité dans ce Département. Il signifie *anticipation*, *entreprise*, *usurpation*.

« nes de la ci-devant Province d'Artois. Vu « aussi la section 6 de la loi du 6 octobre « 1791 ; le 2.me Paragraphe du titre premier « de celle du 11 frimaire an 7, et l'arrêté « du directoire exécutif, du 23 messidor an 5.

ARRÊTE les dispositions suivantes :

ART. 1er. « Au reçu du présent arrêté, et « du 15 au 25 du mois de thermidor, les « maires des communes de ce département « feront dresser l'état des chemins, rues, « ruelles, sentiers et fossés, dont l'entretien « est à la charge de leur commune ; ils fe- « ront constater en même tems, 1°. si de- « puis 1789 des chemins ou autres commu- « nications ont été interceptés ; 2°. s'il en a « été ouvert de nouvelles depuis ladite épo- « que ; 3°. si les chemins, rues et fossés ont « les mêmes largeurs et profondeurs qu'en « 1789, qu'elle est la différence, d'où elle « provient et quels sont les particuliers qui « ont fait des emprises sur les chemins, « rues, places ou fossés ; 4°. par quels « moyens on pourrait donner la largeur de « sept mètres (22 pieds) aux chemins Vici- « naux qui n'ont pas cette largeur ; 5°. qu'elle

« est la longueur que parcourt chaque che-
« min sur le territoire de la commune;
« combien d'arbres existent le long desdits
« chemins; de quelles espèces; à qui ces
« arbres appartiennent; s'il en existe plus
« ou moins qu'en 1789; s'ils sont nuisibles
« aux chemins; s'il est nécessaire d'en abat-
« tre ou si l'on peut en planter encore; 6°.
« quels sont les chemins ou rues dont la sup-
« pression peut être ordonnée pour le terrein
« être rendu à l'agriculture, en vertu de la
« loi du 6 octobre 1791, et de l'arrêté du
« directoire exécutif du 23 messidor an 5;
« 7°. quelles sont les réparations à faire aux
« Chemins Vicinaux, rues, ponts, fossés,
« piedsentes et acqueducs de la commune,
« dont la conservation est nécessaire; quel-
« les matières il faut pour faire ces répara-
« tions, telles que cailloux, éclats de grès,
« graviers, moëllons, sable ou terre; en
« quels endroits ces matières peuvent être
« prises et combien de tems il faudra aux
« habitans pour remettre le tout en bon état.

Art. 2. « La réunion des conseils muni-
« cipaux de toutes les communes du dépar-
« tement étant ordonnée par l'arrêté de ce

« jour, et devant avoir lieu du 15 au 30 « thermidor, pour délibérer sur l'établisse- « ment des taxes indirectes ou octrois ruraux, « lesdits conseils délibéreront en même tems « sur la réparation des Chemins Vicinaux et « autres objets mentionnées en l'article pré- « cédent; les états, procès-verbaux d'experts « et devis, dont la confection est prescrite « par ledit article, seront remis dans chaque « commune, par le maire, sous les yeux du « conseil mnnicipal, qui après avoir mûre- « ment examiné le tout, et appellé à sa sé- « ance les particuliers qui ont fait des em- « prises sur les Chemins, rues, places et « fossés, et les avoir entendu sur la restitu- « tion desdites emprises, délibérera et « donnera son avis; 1°. sur les poursuites « judiciaires à exercer contre ces usurpateurs; « 2°. sur la suppression des Chemins inutiles; « 3°. sur le curement des fossés, la répara- « tion des chemins, rues, ponts, acque- « ducs. Le conseil déterminera quels sont « les travaux et réparations dont l'exécution « est urgente et ne comporte aucun retard « pour empêcher l'interruption des commu- « nications, les inondations et autres incon-

« véniens graves. Les réparations à faire au « Chemin et à la rue de chaque commune « qui conduit le plus directement à la chaus« sée la plus voisine, seront classées au « nombre des réparations urgentes; 4°. sur « l'élargissement des Chemins reconnus trop « étroits; 5°. sur les plantations à faire en « arbres ou haies ainsi que sur l'abbattage « des arbres nuisibles.

Art. 4. « Lorsqu'un Conseil municipal « jugera que les opérations préliminaires « prescrites par l'article premier ont été mal « faites, ou que les résultats sont inexacts, « il ordonnera une contre-visite, et s'ajourne« ra à cinq jours pour prendre connoissance « des nouveaux rapports et tableaux, et sa« tisfaire à l'article précédent. Dans ce cas « le Conseil pourra se réunir extraordinaire« ment et de nouveau pour trois jours, dans « la première semaine de fructidor.

Art. 5. « Dans chaque commune il sera « choisi par le Conseil municipal un préposé « instruit et intelligent pour conduire, diri« ger et surveiller les travaux.

Art. 12. « Les réparations à faire aux

ponts

« Ponts, Buses et Acqueducs, et autres ou-
« vrages qui ne pourront être exécutés par
« le concours des habitans, seront adjugés
« au rabais, après que le Sous-Préfet aura vu
« et approuvé le devis et le cahier des charges
« et conditions qui lui seront adressés par le
« maire.

Art. 13. « Pour rendre les réparations aux
« Chemins Vicinaux plus solides, il sera
« formé des coffres de 325 millimètres (12
« pouces) de profondeur, dans lesquels les
« cailloux, éclats de grès, pierres ou moëlo-
« nages seront rangés à la main, sans aucun
« vuide. Les cailloux, grès, etc. destinés à
« ces réparations, seront déchargés le long
« des chemins qui sont à réparer, ou ils
« seront rangés en monts, de manière à ne
« pas empêcher l'usage desd. chemins (Art.
« 6 de l'ordonnance du 7 mai 1773).

Art. 14. « Les terres provenans du cure-
« ment des fossés situés sur les côtés des
« chemins seront rejettées au milieu desdits
« chemins qui seront relevés et bombés de
« manière que les eaux s'écoulent librement
« vers les fossés.

Art. 15. « La pente des crêtes le long des « fossés ne pourra être moindre de la moitié « de leur élévation, les riverains seront te- » nus de réparer et entretenir lesdites crêtes « ainsi que les fossés qui séparent leurs pro- « priétés d'avec les chemins.

Art. 16. « Les fossés qui bordent les che- « mins devront avoir 16 décimètres (environ « 5 pieds) d'ouverture par le haut, 48 cen- « timètres (environ un pied et demi) de lar- « geur au fond et 16 décimètres de pro- « fondeur.

Art. 17. « Tous les fossés, coulans d'eau « et rigoles d'écoulement qui traversent les « communes seront curés à vif-fond, en lais- « sant au côté une pente convenable.

« Les rigoles et coulant d'eau seront curés « et entretenus par les occupeurs de toutes « les terres qui en profitent.

Art. 18. « Les Ingénieurs ordinaires, les « Picqueurs et autres employés des ponts et « chaussées, sont invités à donner aux maires « les conseils et instructions qui leur seront « demandés pour l'exécution du présent arrêté.

« Lorsque, sur la demande du maire ou du

« conseil municipal, ils se transporteront dans
« une commune, ils seront indemnisés de
« leur déplacement par ladite commune, à
« raison de six francs par jour pour un Ingé-
« nieur, et de quatre francs pour un Picqueur
« ou autre employé.

Art. 19. « Les Sous-Préfets sont invités
« à s'assurer par eux-mêmes, dans une tour-
« née, de l'exécution des travaux ordonnés
« par le présent arrêté.

« Ils sont autorisés à envoyer dans les com-
« munes en retard, et aux frais desdites com-
« munes, des commissaires pour faire exé-
« cuter les réparations; ces commissaires
« seront payés à raison de quatre francs par
« jour. »

Arrêté du 12 prairial an 11, approuvé le 22 par le Ministre de l'Intérieur.

Le Général PRÉFET du Pas-de-Calais.

« Vu la délibération en date du 29 floréal
« dernier, par laquelle le Conseil général de
« ce département à émis son vœu sur le mode
« à suivre pour la réparation des Chemins
« Vicinaux.

« L'arrêté du Ministre de l'Intérieur du 7 « de ce mois, qui approuve celui du 16 flo« réal précité et contient des dispositions pour « le remplacement des citoyens qui refuse« raient ou négligeraient de concourir aux« dites réparations.

« L'arrêté du gouvernement du 4 thermi« dor an 10.

« Considérant que le mode de prestation en « nature, indiqué par ledit arrêté du 4 ther« midor, pour la réparation des chemins Vici« naux, a été adopté par la très grande majorité « des communes de ce département.

« Que ce mode ne peut recevoir d'exécu« tion qu'autant qu'il sera pris des moyens « administratifs pour que ceux qui refuse« raient de faire le travail où les transports « qui leur auront été assignés soient rempla« cés à leurs frais.

« Que l'arrêté du Ministre de l'Intérieur « du 7 de ce mois autorise ce remplacement.

« Qu'il est également convenable de régler « d'une manière uniforme, le mode de ré« partition des travaux, et la manière « de faire exécuter les ouvrages d'art qui

« sont à la charge des communes, et ne peu-
« vent se faire par prestations en nature.

« Que le Conseiller-d'Etat FRANÇAIS, ayant « le Département des recettes et dépenses « des communes, charge le Préfet de pren- « dre un arrêté conforme au mode de pres- « tation le plus généralement adopté par les « Conseils Municipaux, et d'y insérer des « dispositions réglementaires qui en assurent « l'exécution.

ARRÊTE:

ART. 1er. « Les réparations qui peuvent « être faites, par le concours des habitans, « aux Chemins Vicinaux, rues de communes, « ponts, fossés et acqueducs, se feront par « prestations en nature, ou par travail forcé « et gratuit, par tous les habitans (les indigens « exceptés)

ART. 2. « Les Conseils Municipaux dres- « seront le tableau des habitans de leur « commune respective, qui doivent con- « courir à ces opérations par des chevaux, « voitures et travaux manuels.

ART. 3. « Les Conseils Municipaux, feront

« ensuite la répartition des travaux à effec-
« tuer d'après les bases suivantes :

« Les journées des chevaux et voitures à
« fournir seront reparties sur les habitans qui
« en possèdent et au prorata du nombre de
« leurs chevaux.

« Les travaux manuels seront repartis sur
« tous les habitans (les indigens exceptés),
« en raison de la quantité de terres qu'ils
« cultivent :

« Les propriétaires de chevaux et voitures
« y concourreront comme les autres habitans.

Art. 4. « Les réparations qui ne pourront se
« faire par prestation en nature seront ad-
« jugées au rabais, d'après l'autorisation du
« Préfet, sur la demande des Conseils Mu-
« nicipaux, l'avis du Sous-Préfet et les de-
« vis estimatifs qui seront dressés. Les dépen-
« ses en seront supportées dans les propor-
« tions ci-dessus établies.

Art. 5. « Les Maires sont autorisés à faire
« remplacer tout citoyen sujet à la réqui-
« sition, qui refuserait ou négligerait de se
« rendre à l'attelier.

« Les refusans seront soumis à une taxe « de remplacement, dont le payement sera « poursuivi dans la même forme que pour » les contributions; cette taxe est fixée comme » il suit :

Pour une journée de voiture à quatre chevaux . . 8 f. « c.
à trois chevaux . . 6 f. «
à deux chevaux . . 4 f. 50
à un cheval 3 f.
et pour une journée de travail manuel 1 f.

Art. 6. « Les refus seront constatés par « procès-verbaux qui seront dressés par les « Maires, Adjoints ou Commissaires surveil- « lans des travaux.

Art. 7. » Il sera désigné pour chaque « commune, par le Conseil Municipal, un « citoyen ayant les connaissances nécessaires « pour diriger et surveiller les travaux. Les « salaires qui lui seront alloués, seront sup- « portés par les habitans sujets aux répara- « tions, et dans la proportion des travaux « auxquels ils sont soumis.

« Le payement de ces salaires sera exigi- « ble de la même manière que les taxes de « remplacement,

Un autre arrêté du 29 floréal an 12, a rappellé ceux des 8 thermidor an 10 et 12 prairial an 11. Il relate une ordonnance du Conseil d'Artois, du 1er. juin 1680, de laquelle il résulte, que, suivant les anciens réglemens, les Chemins Vicinaux, ci-devant Vicomtiers, doivent avoir 32 pieds de large; ceux dits de terroirs 16 pieds; les chemins de carrières 8 pieds; et les sentiers 4 pieds.

Le dernier considérant de cet arrêté, qui se rapporte à la largeur des chemins, est ainsi conçu :

« Considérant que les chemins n'ayant ja-
« mais eu dans ce département une largeur
« uniforme, on doit se borner à les rétablir
« dans la largeur qu'ils avaient en 1789.

Entre autres dispositions cet arrêté contient les articles suivants :

Art. 5. « A l'avenir il ne pourra plus
« être construit de moulins le long des che-
« mins, à une distance moindre de 48 mètres,
« 726 millimètres, (150 pieds) et sans l'au-
« torisation spéciale du Préfet, conformé-
« ment aux anciens réglemens.

Les

Les autres dispositions de cet arrêté sont conformes à celles de l'arrêté du 12 prairial an 11, et du réglement du 30 prairial an 13, compris dans le présent recueil.

L'article 6 de la loi du 9 ventôse an 12, a donné lieu à une instruction de Son Excellence le Ministre de l'Intérieur, en date du 7 prairial an 13, et à l'arrêté réglementaire du Général Préfet en date du 30 du même mois.

Circulaire de S. Exc. le Ministre de l'Intérieur du 7 prairial an 13.

« Une loi du 9 ventôse an 12, et celle du « 9 ventôse dernier relative aux plantations « des grandes routes et des Chemins Vicinaux, « donnent, Monsieur, à l'autorité adminis- « trative, de nouvelles attributions qu'il est « essentiel de fixer.

« Cette dernière loi, porte, art. 6, que « l'administration publique fera rechercher « et reconnaître les anciennes limites des « Chemins Vicinaux, et fixera, d'après cette « reconnaissance, leur largeur, suivant les « localités, sans pouvoir, cependant, lorsqu'il

« sera nécessaire de l'augmenter, la porter « au-delà de six mètres, ni faire aucun chan- « gement aux Chemins Vicinaux qui excè- « dent actuellement cette dimension.

« Pour l'exécution de ces dispositions, il « paraît convenable que vous chargiez chaque « maire de former l'état des Chemins Vici- « naux de sa commune; cet état devra en « indiquer la direction, les différentes lar- « geurs. S'il existe quelques titres qui fassent « connaître ces particularités, ou qui cons- « tatent simplement que ces chemins sont « une propriété communale ou publique, il « en sera fait mention sur cet état; le maire « y joindra des observations sur les élargis- « semens qu'il serait utile de leur donner, « soit en général, soit partiellement.

« L'état ainsi disposé devra être publié « dans la commune; les habitans seront in- « vités à en prendre connaissance, et à adres- « ser au maire, dans un délai de quinze jours, « les réclamations qu'ils pourraient avoir à « faire, soit sur la largeur, soit sur la direc- « tion ou la propriété desdits chemins.

« Le tout sera ensuite, ainsi que l'état

« dressé par le maire, soumis au Conseil « municipal, qui devra vérifier les faits « énoncés par le maire, et délibérer, tant « sur les dispositions proposées par celui-ci, « que sur les difficultés ou réclamations éle- « vées par les habitans. Il donnera son avis « sur les élargissemens à faire, et il établira, « d'après le vû ou l'absence des titres, s'ils « doivent s'opérer à titre gratuit sur les pro- « priétés contigues, ou si la commune doit « payer la valeur des terreins à acquérir.

« Vous ferez remarquer à ce sujet aux « Conseils municipaux, que ni la loi du 9 « ventôse dernier, ni aucune autre ne dérogent « aux principes conservateurs des propriétés « privées, et que, si le besoin public exige « que l'on prenne une portion de ces pro- « priétés, la loi veut que l'on indemnise « préalablement les propriétaires.

« La délibération du Conseil Municipal sera « soumise au Sous-Préfet: ce fonctionnaire « discutera les points contentieux; il vous « donnera un avis motivé, d'après lequel le « Conseil de Préfecture approuvera ou modi- « fiera les vues du Conseil Municipal, en

« fixant irrévocablement les largeurs des dif-
« férens chemins, et en soumettant la com-
« mune à payer, à dire d'experts, les terreins
« nouveaux dont elle aura besoin.

« L'exécution de cette partie de la loi, sur-
« tout lorsqu'il s'agira de reprendre sur les
« propriétés qui bordent les chemins, les
« terreins nécessaires pour rendre à ces che-
« mins la largeur qu'ils devraient avoir, fera
« naître probablement plusieurs difficultés
« relatives à la propriété des terreins recla-
« més. Pour connaître l'autorité qui, en cette
« matière, doit prononcer sur la question de
« propriété que ces réclamations présenteront,
« il faut rapprocher des dispositions de cette
« dernière loi, celles du 9 ventôse an 12.

« L'article 5, porte: tous les biens com-
« munaux possédés, à l'époque de la publi-
« cation de la présente loi, sans acte de
« partage, et qui ne seront pas dans le cas
« précisé par l'article 3, (celui d'un partage
« fait sans qu'il en ait été dressé acte), ou
« pour lesquels les déclarations et soumissions
« de redevances n'auront pas été faites dans
« le délai et suivant les formes prescrites par

« le même article (3), rentreront entre les « mains des communautés d'habitans.

« En conséquence, les maires et adjoints ; « les Conseils municipaux, les Sous-Préfets « et Préfets feront et ordonneront toutes les « diligences nécessaires pour faire rentrer les « communes en possession.

« L'article 6 n'attribue au Conseil de Pré- « fecture la connaissance que des contesta- « tions, soit sur les actes et les preuves de « partage de biens communaux, soit sur « l'exécution des conditions prescrites par « l'article 3, et cette limitation d'attribution « semble d'abord exclure le cas établi par « l'article 5 ; mais l'article 9 fixe à ce sujet « l'intention du législateur. Cet article dit « qu'il ne sera prononcé de restitution de « fruits en jouissance, ni par les tribunaux, « en faveur des tiers, dans le cas des répé- « titions prévues par l'article 8, ni par les « Conseils de Préfecture, en faveur des com- « munes, dans celui mentionné en l'article « 5, qu'à compter, etc.

« Il résulte de cette dernière disposition ; « que le Conseil de Préfecture doit connaître

« aussi des possessions des biens communaux « qui n'ont pas eu pour origine un partage « plus ou moins illégal, et qui ne sont, par « conséquent, que l'effet d'usurpations ordi- « naires.

« Les Chemins Vicinaux sont généralement « composés de terreins acquis par les com- « munes; ils forment une partie des biens « communs : la connaissance des usurpations « sur ces chemins doit donc appartenir au « Conseil de Préfecture.

« Vous reconnaîtrez facilement, Monsieur, « que cette attribution donnée au Conseil par « les dispositions combinées des deux lois des « 9 ventôse an 12 et 9 ventôse dernier, ne « nuit en rien au pouvoir qu'ont toujours les « tribunaux de connaître des questions de « propriété relatives à tous autres terreins « que ceux qu'on peut supposer devoir faire « partie des Chemins Vicinaux. Au reste, « le Conseil, dans l'exercice de cette attri- « bution, ne devra pas perdre de vue qu'elle « lui est donnée comme objet d'administra- « tion; il devra par conséquent distinguer « les usurpations manifestes, des empiéte-

« mens douteux, ou très anciens ; et, lors-
« qu'il ne lui sera pas évidemment prouvé
« qu'un terrein a du, de mémoire d'homme,
« faire partie d'un chemin auquel il s'agira
« de rendre sa largeur, il sera de sa justice
« d'obliger les communes à dédommager les
« propriétaires.

« La largeur des Chemins Vicinaux, peut,
« suivant les cas, être fixée par l'une ou
« l'autre partie de l'Autorité Préfectorale.
« Lorsque la reconnaissance des chemins
« d'une commune n'aura fait naître aucune
« réclamation, la fixation sera faite par le
« Préfet, agent d'exécution ; elle le sera par
« le Conseil de Préfecture, lorsqu'il y aura
« eu réclamation, et conséquemment con-
« testation sur l'ancienne largeur.

« L'établissement, la direction, le chan-
« gement et l'entretien des Chemins Vicinaux
« restent dans les attributions du Préfet.

« Deux genres de délits peuvent porter
« atteinte à la conservation des Chemins
« Vicinaux.

« Les uns, tels que les envahissemens,
« les empiétemens, les plantations d'arbres,

« etc. tendent à changer la largeur ou la « direction que l'administration a fixées.

« Ces contraventions, conformément aux « deux lois des 9 ventôse an 12 et 9 ventôse « an 13, sont reprimées par le Conseil de « Préfecture. Elles devront être constatées « journellement par des procès-verbaux que « dresseront les officiers de Police munici- « pale. Le maire fera dénoncer ce procès- « verbal au propriétaire délinquant; et si, dans « la huitaine, à compter du jour de la dé- « nonciation, le chemin n'a pas été remis « dans son état primitif, le maire devra vous « faire passer, par la voie de la Sous-Préfec- « ture, le procès-verbal du Garde-Champê- « tre, avec copie de l'acte de notification « faite au délinquant, pour vous mettre à « portée de provoquer auprès du Conseil de « Préfecture la décision convenable. Vous la « rendrez exécutoire, soit pour faire confec- « tionner d'office les ouvrages nécessaires, « soit pour faire payer les dépenses qu'ils « auront occasionnées, et ce, conformément « au mode prescrit pour le recouvrement « des contributions publiques.

D'autres

« D'autres délits, tels que dépôt de fumiers, « matériaux ou autres encombremens, fouil- « lemens de terre, enlèvemens de bornes ou « de pierres, comblemens de fossés ou autres « dégradations, nuisent à la viabilité des « chemins, et au libre usage de la voie pu- « blique.

« Ces détériorations, soit qu'elles soient « commises par les riverains, soit qu'elles « soient attribuées à d'autres habitans, sont « des délits de police dont la connaissance « n'a point été retirée à l'autorité judiciaire. « Ils doivent être constatés journellement par « le garde-champêtre ou autres officiers de « police municipale, pour être ensuite dénon- « cés au juge-de-paix, et reprimés par voies « d'amende et d'indemnités.

« Quant au mode d'entretien, il a déjà été « réglé qu'on employerait la prestation en « nature; mais on n'a pas déterminé quels « seraient les habitans qui devraient concou- « rir à cette charge, et, dans quelques dé- « partemens, on n'exige la prestation en na- « ture que de la part des propriétaires fon- « ciers, tandis que dans d'autres on y assu-

« jettit tous les habitans indistinctement, et « que d'autres Préfets établissent des excep- « tions fondées sur la quote des contributions.

« En attendant que L'EMPEREUR ait jugé à « propos de faire un réglement d'administra- « tion générale sur cet objet, il convient, « pour éviter l'arbitraire, d'adopter une base « commune qui établisse une sorte d'égalité « proportionnelle que réclame la justice. Il « est certain que les Chemins Vicinaux sont « utiles à tous les habitans, mais dans des « proportions très-différentes. C'est en raison » de l'intérêt de chacun que devrait être « partagées entre tous les journées de travail « nécessaires à la réparation des chemins.

« On ne doit pas demander un travail gra- « tuit à celui qui est obligé de travailler « journellement pour assurer sa subsistance « et celle de sa famille; il faut excepter ces « habitans ; et pour y parvenir générale- « ment, il conviendra de ne point assujettir « à la prestation ceux dont toutes les contri- « butions directes ne s'élèvent pas au-dessus « de trois ou quatre journées de travail.

« Vous avez dû remarquer, Monsieur,

« que les lois sur la matière ne donnent au-
« cun moyen de pourvoir au payement des
« ouvrages d'art dans les communes aux-
« quelles il ne reste aucun fond disponible.
« Beaucoup de Chemins Vicinaux exigent
« cependant des dépenses de cette nature;
« pour y subvenir, il sera nécessaire d'évaluer
« le montant de cette dépense en journées de
« travail en nature: à cet effet le Conseil
« Municipal devra fixer en même-tems le
« prix pécuniaire de la journée de travail,
« afin de mettre les habitans à portée de
« choisir le mode de prestation qui leur sera
« le plus convenable; les ouvrages d'art ne
« pouvant être exécutés par celui de la pres-
« tation en nature, on réservera les fonds
« provenans de la prestation pécuniaire vo-
« lontaire, pour le payement des ouvriers
« spécialement chargés de la confection de
« ces ouvrages. Si ce fonds parait devoir
« être insuffisant, le maire devra engager
« les contribuables les plus aisés, à fournir
« un plus grand nombre de journées en nu-
« méraire.

« J'ai remarqué que dans quelques dépar-
« temens, on mettait le curement des fossés

« creusés le long des chemins, à la charge « des seuls propriétaires aboutissans. Cette « mesure est injuste. Les fossés font partie « des chemins, et ils doivent être entretenus « de la même manière; sauf les poursuites « à faire et les amendes à appliquer aux pro- « priétaires qui auraient fait des encombre- « mens extraordinaires, ainsi que je vous l'ai « déjà fait observer.

« Je vous invite, Monsieur, à vous con- « former désormais aux principes exposés « dans cette lettre. Si les mesures que vous « avez précédemment prises y étaient con- « traires, il conviendrait de les modifier. « Vous voudrez bien me faire connaître les « dispositions que vous aurez faites en con- « séquence.

« Recevez l'assurance de ma parfaite con- « sidération.

Signé CHAMPAGNY.

Arrêté du 30 Prairial an 13.

ART. 1er. « Au reçu du présent arrêté, « chaque maire formera l'état des Chemins « Vicinaux de sa commune; cet état devra « en indiquer la direction, les différentes

« largeurs d'après les anciennes limites, les
« empiétemens faits depuis 1789, les largeurs
» actuelles et les riverains qui ont fait les
« anticipations.

« S'il existe quelques titres qui fassent
« connaître ces particularités, ou qui cons-
« tatent simplement que ces chemins sont
« une propriété communale ou publique, il
« en sera fait mention sur cet état.

« Le maire y joindra des observations sur les
« élargissemens qu'il serait utile de leur don-
« ner, soit en général, soit partiellement; sur
« les réparations à faire pour les remettre en
« bon état; sur les travaux d'entretien qu'ils
« peuvent exiger chaque année, et sur les moy-
« ens les plus faciles d'assurer cet entretien.

« Le maire pourra se faire aider par l'ar-
« penteur dont il sera parlé ci-après, et pren-
« dra, des plus anciens habitans de la com-
« mune, les renseignemens qui lui seront
« nécessaires pour former cet état, en se con-
« formant d'ailleurs exactement au modèle
« joint au présent arrêté.

Art. 2. « L'état ainsi disposé devra être
« publié dans la commune, les habitans se-

« ront invités à en prendre connaissance et « à adresser au maire, dans un délai de quinze « jours, les observations et les réclamations « qu'ils pourraient avoir à faire, soit sur la « largeur, soit sur la direction ou la propriété « desdits chemins.

Art. 3. « Après ce délai le Conseil Mu- « nicipal sera convoqué pour prendre con- « naissance de l'état dressé par le maire, « vérifier les faits énoncés et délibérer, tant « sur les dispositions proposées par le maire, « que sur les difficultés ou réclamations éle- « vées par les habitans.

« Il donnera son avis sur les élargissemens « à faire, en se renfermant dans les restric- « tions énoncées en l'article 6 de la loi, et il « établira, d'après le vu ou l'absence des « titres, s'ils doivent s'opérer à titre gratuit « sur les propriétés contigues, ou si la com- « mune doit payer la valeur des terreins à « acquérir, et, à cet égard, il ne perdra « pas de vue que si le besoin public exige « que l'on prenne sur les propriétés particu- « lières pour donner aux chemins plus de « largeur qu'ils n'en avaient en 1789, la loi

« veut qu'on indemnise préalablement les « propriétaires, de gré-à-gré ou à dire d'experts.

Art. 4. « La délibération du Conseil Mu- « nicipal sera envoyée, avec les pièces à l'ap- « pui, au Sous-Préfet qui la transmettra, avec « son avis motivé, au Préfet pour être en- « suite mis sous les yeux du Conseil de Pré- « fecture, chargé de prononcer et fixer irré- « vocablement les largeurs des différens che- « mins, d'ordonner la restitution des empié- « temens manifestes, et de prescrire à la « commune de payer, à dire d'experts, les « terreins nouveaux dont elle aura besoin.

Art. 5. « Lorsque la reconnaissance des « chemins d'une commune n'aura fait naître « aucune réclamation, le Préfet seul en fixera « définitivement les largeurs.

« Art. 7. « Il sera nommé pour chaque « canton un commissaire arpenteur pour les « opérations relatives aux Chemins Vicinaux.

« Les maires qui desireront se faire aider « dans la visite et reconnaissance des che- « mins par un expert, devront employer « celui nommé pour le canton.

« Cet expert sera aussi chargé de toutes
« les vérifications et visites qui pourraient
« être ordonnées par les Conseils Municipaux
« ou par le Sous-Préfet; il pourra aussi être
« chargé de diriger les travaux relatifs à la
« réparation des Chemins Vicinaux. Ses va-
« cations pour chaque opération, seront ré-
« glées par les Sous-Préfets et définitivement
« par le Préfet.

Art. 8. « Les opérations et l'entretien des
« Chemins Vicinaux se feront par prestations
« en nature, ainsi qu'il est réglé par les pré-
« cédens arrêtés.

« La répartition de cette charge sur les
« habitans, sera faite par journées de travail
« en raison de l'intérêt que chacun retire des
« chemins, ainsi qu'il est indiqué par la cir-
« culaire du Ministre de l'Intérieur, du 7
« prairial, afin d'établir une sorte d'égalité
« proportionnelle.

Art. 9. « Les indigens et en général tous
« ceux dont les contributions directes ne
« s'élèvent pas au-dessus de quatre journées
« de travail, seront dispensés de la prestation
en nature.

Art.

Art. 10. « Pour les ouvrages d'art, dans « les communes où il ne reste aucuns fonds « disponibles, on évaluera le montant de la « dépense en journées de travail en nature ; « et le Conseil Municipal fixera, en même « tems, le prix pécuniaire de la journée de « travail, afin de mettre les habitans à portée « de choisir le mode de prestation qui leur « sera le plus convenable.

« Lorsque les ouvrages seront de nature « à ne pouvoir être exécutés par le mode « de prestations en nature, tels que cons- « truction ou réparation de ponts, acqueducs, « etc, on réservera le fonds provenant de « la prestation pécuniaire pour le payement « des ouvriers spécialement chargés de la « confection de ces ouvrages.

« Si ce fonds est insuffisant, il y sera pour- « vu par une nouvelle répartition proportion- « nelle de la somme nécessaire, en journées « de travail pécuniaire.

Art. 11. « Pour les travaux ordinaires qui peuvent être faits par prestations en na- « ture, les habitans auront de même la fa- « culté de payer, en remplacement du nom-

« bre de journées de travail qui leur sera « assigné dans la répartition, la somme re« présentative d'après l'évaluation faite par « le Conseil Municipal, ces fonds serviront « à payer les ouvriers salariés qui seront « chargés d'exécuter les travaux.

« Les indigens dispensés de la prestation « en nature, seront employés de préférence « à ces travaux de remplacement.

« Art. 12. « Le maire et l'adjoint dans cha« que commune, sont chargés de donner les » ordres et réquisitions nécessaires, d'après « la décision et la répartition du Conseil Mu« nicipal, pour faire exécuter les réparations « et travaux nécessaires aux Chemins Vi« cinaux.

Art. 13. « Si un habitant refuse de fournir « le nombre de journées de travail qui lui « aura été assigné, ou une prestation pé« cuniaire pour être remplacé dans les tra« vaux, le maire dressera et certifiera l'état « des journées pécuniaires de remplacement « dues par le refusant. Cet état sera envoyé « au Sous-Préfet, pour être rendu exécutoire.

Art. 14. « Le curement des fossés creusés
« le long des chemins, sera à la charge des
« communes, de même que la réparation des
« chemins, et se fera de la même manière
« par prestations en nature.

Art. 15. « Les maires et adjoints en leur
« qualité d'officiers de police municipale,
« dresseront des procès-verbaux des envahis-
« sement, empiétemens et autres délits de
« cette nature, qui tendraient à changer la
« largeur ou la direction des chemins.

« Ces procès-verbaux seront adressés au
« Préfet par l'intermédiaire du Sous-Préfet,
« pour être remis au Conseil de Préfecture,
« qui statuera sur ces délits.

Art. 16. « Les gardes-champêtres cons-
« tateront journellement par des procès-ver-
« baux, les dépôts de fumiers, matériaux
« ou autres encombremens, fouillemens de
« terre, enlèvement de bornes ou de pierres,
« comblement de fossés ou autres dégrada-
« tions nuisibles à la viabilité des chemins,
« et au libre usage de la voie publique.

« Ces délits seront dénoncés au juge-de « paix, et reprimés par voie d'amende et « d'indemnité.

Autre arrêté du Préfet du 29 juin 1807.

Art. 1er. « Les arpenteurs-voyers nom- « més par canton en vertu de l'arrêté du 30 « prairial an 13, sont responsables de toutes « les infractions audit arrêté, qu'ils n'auraient « pas constatées et dénoncées au Sous-Préfet « de leur arrondissement.

Art. 2. « Au reçu du présent arrêté, les « maires convoqueront les Conseils Munici- « paux, pour remplir les devoirs qui leur « sont tracés par l'arrêté du 30 prairial.

« Si le Conseil Municipal d'une commune « refusait ou négligeait de se rendre à la con- « vocation du maire, ce dernier devra le sup- « pléer, et sera tenu de satisfaire à ce qui « est prescrit par ledit arrêté, tant aux « maires qu'aux Conseils Municipaux.

« Les maires sont responsables de toute « négligence à cet égard.

Art. 3. « Dans les communes dont l'état « des Chemins Vicinaux n'aura pas encore « été fourni, il en sera dressé un dans la « quinzaine, par les soins du maire et du « commissaire-voyer, cet état sera envoyé « au Sous-Préfet de l'arrondissement.

« Dans les communes pour lesquels il a « été rendu par le Conseil de Préfecture des « arrêtés pour la restitution des emprises, le « maire et le commissaire-voyer, de concert, « feront mettre ces arrêtés à exécution, avant « le 15 septembre prochain.

« Dans toutes les communes, les répara- « tions reconnues nécessaires seront exécutées « à l'avenir avant le 1er juillet, par les « moyens indiqués dans l'arrêté du 30 prairial.

Art. 4. Toute infraction et toute inéxécu- « tion aux arrêtés, soit du Conseil de Préfec- « ture, soit du Préfet, soit même du maire, « donnera lieu à la destitution du garde-cham-

« pêtre, s'il a négligé d'en adresser procès-« verbal.

Art. 5. « Les gardes-champêtres seront « tenus d'exécuter les ordres qui leur seront « donnés par les arpenteurs-voyers, relative-« ment aux Chemins Vicinaux, sauf en « cas de difficultés, à en référer au Sous-« Préfet, par l'intermédiaire du maire.

Art. 6. « Les arpenteurs-voyers qui « refuseraient de faire les visites, vérifications « et levée de plan requises par les maires de « leur canton respectif, ou qui négligeraient « de remplir les devoirs qui leur sont im-« posés et de veiller 1°. à ce que tous les « Chemins Vicinaux soient constamment en « bon état; 2°. à ce qu'il n'y soit fait au-« cune emprise; 3°. à ce que les emprises « faites depuis 1789, soient restituées d'ici « au 15 septembre, seront remplacées.

Art. 7 « Les plantations d'arbres ou de « hayes faites par les riverains sur les terreins « appartenant aux chemins, seront détruites « d'après décision du Conseil de Préfecture.

« Les hayes existant le long desdits che-
« mins, mais n'empiétant pas sur la voie
« publique, devront être taillées et rebarbées,
« en tems convenable, de manière à ne pas
« gêner ceux qui fréquentent les chemins.

« Les arbres devront être tondus et ébran-
« chés également en tems convenables.

« Les arpenteurs-voyers, les maires et
« les gardes-champêtres veilleront à ce que
« les hayes vives ne s'étendent jamais sur le
« terrein des chemins, ils obligeront les rive-
« rains à couper les branches, buissons, épi-
« nes etc. qui croîtraient sur la voie publique.

« Ils veilleront en général à ce que les
« plantations des riverains ne puissent nuire
« aux chemins, et constateront par procès-
« verbal toute infraction à cet égard.

Art. 8. « Les arpenteurs-voyers qui
« auront à constater un délit ou une emprise,
« on à faire réparer les chemins, devront
« réclamer pour ces opérations, le concours
« des maires.

« En cas de refus de la part d'un maire
« de satisfaire à la demande du commissaire-

« voyer, ce dernier s'adressera à l'adjoint « qui pourra suppléer le maire.

Art. 9. « Les maires pourront également « être suppléés par leur adjoint, pour toutes « les autres opérations relatives à l'exécution « de l'arrêté du 30 prairial, sans soustraire « le maire à la responsabilité qui pourrait « résulter de son refus de remplir les obli- « gations imposées par ledit arrêté, ainsi que « par le présent, lorsqu'une raison légitime « ne pourra justifier son inaction à cet égard.

Art. 10. « Les vacations des arpen- « teurs-voyers sont fixées à 8 francs par « jours, pour toutes les communes de leur « canton respectif.

« Ces vacations seront à la charge des « communes, et seront acquittées soit sur les « revenus de la commune, soit, en cas d'in- « suffisance des revenus, au moyen d'une « prestation pécuniaire, comme il est pres- « crit par l'arrêté du 30 prairial, pour les « dépenses relatives aux ouvrages d'art qui « ne peuvent se faire par prestations en nature.

Néanmoins

« Néanmoins les visites et opérations qui « seront faites après le 15 septembre de cette « année, et après le 1er. juillet des années « suivantes, et qui auraient été nécessitées « par la négligence des maires, seront à la « charge de ces maires.

« Les états de vacations des commissaires-« voyers seront réglés par les Sous-Préfets, « sur l'avis du maire et du Conseil Munici-« pal de chaque commune intéressée.

Art. 11. « Les Sous-Préfets rendront « compte au Préfet, à l'époque du premier « octobre, de l'exécution du présent arrêté, « dans leur arrondissement respectif.

« Ils lui adresseront, à mesure qu'ils les « recevront, et avec leur avis, les états et « les procès-verbaux des commissaires voyers. « Les états des Chemins Vicinaux qui cons-« tateront des emprises, seront soumis au « Conseil de Préfecture, qui ordonnera s'il « y a lieu, la restitution de ces emprises.

« Les états des communes dans lesquelles « il n'a pas été fait d'emprises, seront réunis

« par canton et envoyés au Préfet, avant le « 1er. septembre, avec un relevé général « par canton.

Art. 12. « Les arrêtés du Conseil de Pré« fecture étant exécutoires par voie adminis« trative, les Sous-Préfets sont autorisés à « employer au besoin, soit des ouvriers aux « frais des usurpateurs, soit la force-armée, « pour opérer les restitutions qui auront été « ordonnées par le Conseil de Préfecture. (*)

Arrêté du 15 mars 1808, qui établit des commissaires-voyers généraux, pris dans la classe des propriétaires.

Le Général Préfet du Pas-de-Calais, Membre de la Légion d'Honneur,

« Considérant que les commissaires choisis « pour procéder au mesurage, à la fixation « des limites, à la reconnaissance des usur« pations des Chemins Vicinaux, n'ont pas

Nota. (*) Les dispositions impératives des articles 1er. 6, concernant les arpenteurs-voyers, et celles de l'article 10, concernant leurs salaires, ne sont point applicables aux commissaires-voyers généraux, établis ultérieurement en vertu de l'arrêté du 15 mars 1808 ci-après.

« tous, déployé le zèle, la vigilance et la « sollicitude nécessaires pour l'exécution de « ces arrêtés.

« Considérant qu'ils n'ont peut-être pas « d'ailleurs l'influence morale convenable « pour remplir les fonctions attribuées an- « ciennement aux commissaires-voyers des « États d'Artois.

« Considérant que les membres du conseil « général, dans la dernière session, ont, d'une « voix unanime, offert de se charger gratuite- « ment de la surveillance et de la direction « des Chemins Vicinaux, dans leur arron- « dissement respectif.

« Considérant que ce dévouement au bien « public, si digne de reconnaissance, assure « l'exécution la plus prompte et la plus sage « de l'arrêté du 30 prairial an 13.

Arrête :

Art. 1er. « La surveillance générale des « Chemins Vicinaux, des travaux, restitu- « tions et autres mesures résultantes de l'ar- « rêté du 30 prairial an 13, est confiée aux « membres du conseil général.

« Ils prendront le titre de commissaires-
« voyers-généraux du département.

« Il sera assigné à chacun d'eux un arron-
« dissement dont il sera spécialement chargé.

Art. 2. « Sur leur proposition et l'avis
« du Sous Préfet, il leur sera donné des ad-
« joints pour les seconder dans l'exercice de
« cette surveillance.

Art. 3. « Les commissaires-voyers-géné-
« raux, correspondront avec les maires, le
« Sous-Préfet de leur arrondissement respec-
« tif, et le Préfet.

« Les maires qui croiraient avoir des ob-
« servations à faire sur les opérations pres-
« crites par les commissaires voyers-généraux,
« et ne pas devoir se conformer à leurs in-
« vitations, seront tenus d'en référer sur le
« champ au Sous Préfet, qui en rendra compte
« au Préfet.

« Les commissaires-voyers-généraux sur-
« veilleront l'exécution des arrêtés du Con-
« seil de Préfecture, relatifs à la restitution
« des usurpations, et tiendront la main à ce

« que les Chemins Vicinaux conservent la
« largeur qui aura été fixée par le Préfet,
« ou par le Conseil de Préfecture.

Art. 4. « Les arpenteurs et les experts nom-
« més pour vérification de travaux quelcon-
« ques, seront aux ordres des commissaires-
« voyers-généraux, et leur rendront compte
« de leurs operations.

Art. 5. « Les arpenteurs et experts em-
« ployés par un commissaire-voyer-général,
« seront payés de leurs vacations, sur un
« état visé par le maire de la commune, et
« approuvé par le commissaire-voyer-général.

« Les commissaires-voyers-généraux ne
« pourront employer les experts, que de con-
« cert avec les maires, et en vertu d'une
« autorisation spéciale du Préfet.

Art. 6. « Les commissaires-voyers-géné-
« raux régleront leurs opérations sur les
« principes établis par l'arrêté du 30 prairial
« an 13, et sur ceux ci-après exposés :

« Les terreins des Chemins Vicinaux qui
« seraient reconnus inutiles, ou excéder les
« dimensions prescrites, sont des propriétés

« communales, à moins que les propriétaires « riverains ne puissent justifier par titres, « que lesdits terreins font partie de leurs « propriétés, et qu'il n'y a pas prescription « en faveur des communes.

« La disposition de l'article 6 de la loi du « 9 ventôse, portant que lorsqu'il sera né- « cessaire d'augmenter la largeur d'un Che- « min Vicinal, elle ne pourra être portée « au-delà de six mêtres, ne peut s'appliquer « aux chemins qui ont plus de six mêtres de « largeur ; toutes usurpations faites sur ces « chemins, doivent être restituées, lors même « qu'ils auraient six mêtres ou plus de lar- « geur, indépendamment des usurpations ; « sauf aux communes à demander l'autori- « sation de louer, aliéner ou échanger les « parties de terrein reconnue inutile aux « chemins.

« Lorsque les emprises ne sont pas con- « testées, et que ceux qui les ont faites en « refusent la restitution, il appartient au « Conseil de Préfecture de statuer et d'or- « donner cette restitution : la décision du

« Conseil de Préfecture, s'exécute par voie « administrative.

Art. 7. « Le présent arrêté, approuvé par « décision de son Excellence le Ministre de « l'Intérieur, du 25 février 1808, sera adres- « sé à Messieurs les membres du conseil gé- « néral, à Messieurs les Sous-Préfets et « les maires, chargés, chacun en ce qui le « concerne, de son exécution.

Les membres du conseil général ne pouvant se charger de la surveillance de tous les Chemins Vicinaux du département, il leur a été assigné à chacun, un arrondissement composé d'un certain nombre de communes, à leur choix, et le général Préfet a nommé pour les autres communes, d'autres commissaires voyers-généraux, pris dans les conseils d'arrondissement ou dans la classe des propriétaires.

Le 21 avril 1809, le général Préfet a adressé à Messieurs les commissaires-voyers-généraux la circulaire suivante :

MESSIEURS,

« J'ai eu l'honneur de vous adresser avec « l'arrêté de votre nomination, un exemplaire « de celui du 30 prairial an 13, qui trace « les fonctions dont vous avez bien voulu « vous charger pour le bien public.

« Vous avez reçu en même-tems, le ta- « bleau des Chemins Vicinaux des commu- « nes de vos arrondissemens respectifs, ainsi « que les expéditions des arrêtés du Conseil « de Prefecture, qui ordonnent des restitutions « d'emprises sur les Chemins Vicinaux de « ces mêmes communes.

« Je vous priais, Messieurs, de vous trans- « porter sur les lieux, de vérifier l'exactitude « des états de ces mêmes Chemins Vicinaux, « dressés en exécution de mon arrêté du 30 « prairial an 13, de constater par un procès- « verbal cette exactitude, ou de dresser un « nouvel etat dans la même forme que le « premier, dans le cas ou vous auriez re- « connu que celui-ci était inexact.

« Après cette visite et cette vérification, « vous pouviez recommander à Messieurs

les maires

« les maires de procéder dans un bref délai, « dont vous seriez convenu, à toutes les « réparations reconnues nécessaires.

« Le premier procès-verbal, et l'état des « chemins de la commune que je vous avais « envoyés en communication, devaient être « adressés au Sous-Préfet, pour m'être trans- « mis, afin que je puisse prendre les me- « sures nécessaires, et fixer définitivement « la largeur des chemins.

« Cependant, plusieurs de Messieurs les « commissaires-généraux-voyers, ne m'ont « encore fait parvenir aucun rapport.

« D'autres m'ont envoyé des rapports « généraux, au lieu de rapports particuliers « par communes.

« D'autres enfin, n'ont pas joint à leurs « rapports les états des Chemins Vicinaux, « dans la persuasion, sans doute, que ces « états, qui me sont indispensables, devaient « rester entre leurs mains.

« La saison actuelle étant favorable pour « faire la visite des chemins, et s'occuper

« des réparations nécessaires, il dépend en-
« tièrement de vous, Messieurs, de ne laisser
« subsister aucune emprise sur les Chemins
« Vicinaux, de leur faire rendre leur largeur
« de 1789, et de les faire mettre en aussi
« bon état que les localités peuvent le per-
« mettre; mais ce n'est que par des soins
« assidus, et par de fréquentes visites dans
« les communes, que vous parviendrez
« à ce but.

« Je me repose toujours sur votre zèle
« bien prononcé, et je me félicite d'avance
« d'avoir à mettre sous les yeux de son Ex-
« cellence, le rapport des nombreux succès
« que nous devrons à votre activité, et de
« pouvoir joindre l'hommage particulier de
« ma reconnaissance, à celui du bien sin-
« cère attachement avec lequel j'ai l'honneur
« de vous saluer.

Dispositions relatives aux plantations sur les Chemins Vicinaux.

L'article 14 de la loi du 28 août 1792, dispose que tous les arbres existans sur les chemins publics, autres que les grandes routes nationales; et sur les rues des villes, bourgs et villages, sont censés appartenir aux riverains, à moins que les communes ne justifient en avoir acquis la propriété par titre ou possession.

Une question s'est élevée sur l'exécution de ladite loi du 28 août 1792, relativement aux doubles rangées d'arbres qui existent sur quelques chemins.

M. le Conseiller-d'État, Directeur général de la comptabilité des communes et des hospices, a statué le 31 août sur cette question, et sa décision est relatée dans la circulaire ci-après, du Général Préfet, en date du 5 septembre de la même année.

Le Général PRÉFET du Pas-de-Calais,

A M. M. les Maires.

MESSIEURS,

« Je m'empresse de vous donner con-
« naissance d'une lettre de M^r. le Conseiller-
« d'État, Directeur général de la compta-

« bilité des communes et des hospices, en « date du 31 août dernier, contenant dé« cision sur la question de savoir si les dou« bles rangées d'arbres existant sur les « Chemins Vicinaux, appartiennent aux pro« priétaires riverains, ou aux anciens pro« priétaires du droit de plantis.

L'article 14 de la loi du 28 août 1792, « dispose que les arbres existant sur les « chemins publics, autres que les grandes « routes nationales, et sur les rues des villes, « bourgs et villages, appartiennent aux pro« priétaires riverains, à moins que les com« munes ne justifient en avoir acquis la pro« priété, par titre ou possession.

« L'article 15 dispose, que les arbres « existans sur les places, ou dans des ma« rais, prés, et autres biens dont les com« munautés, ont, ou recouvreront la pro« priété, sont censés appartenir aux com« munautés.

« L'article 9, dispose que les terres vaines « et vagues, ou gastes, dont les commu-

« nantés ne pourraient pas avoir été ancien-
« nement en possession, sont censés leur
« appartenir, et leur seront adjugées par
« les tribunaux, si elles forment leur action
« dans le délai de cinq ans.

« On a prétendu inférer des dispositions
« des articles 9 et 14, que la totalité des
« arbres existans sur un chemin, quelque
« soit le nombre de rangées, (excepte néan-
« moins la première rangée appartenant aux
« riverains,) appartenait aux anciens pro-
« priétaires du droit de plantis, comme
« existans sur des terreins vains et vagues,
« lorsque les communes ont négligé de for-
« mer leur action dans le délai fixé par l'ar-
« ticle 9 de la loi du 28 août 1792.

« J'ai soumis la question à M. le Directeur
« général de la comptabilité des communes
« et des hospices, qui me répond que les
« terreins sur lesquels se trouvent places
« les seconde et troisième rangées d'arbres
« sont, ou des dépendances des chemins dont
« ils font partie, ou des terreins vains et
« vagues; que sous l'un et l'autre rapport,

« les arbres plantés sur ces terreins, appar-« tiennent aux communes, comme les « chemins eux-mêmes; que la loi du 10 « juin 1793, section 4, article premier, « a dispensé les communes de l'obligation « imposée par l'art. 9 de la loi du 28 août « 1792, en déclarant que les terres vaines et « vagues appartiennent aux communes.

« Monsieur le Directeur-général ajoute que « *le Ministre de l'Intérieur, ayant été consulté* « *plusieurs fois sur cette question, a pensé* « *que les seconde et troisième rangées d'ar-* « *bres, appartenaient aux communes, à* « *l'exclusion des ci-devant Seigneurs.*

« Je vous prie de tenir la main, en ce qui « vous concerne, à l'exécution de cette « décision, et d'agréer l'hommage de mon « bien sincère attachement. »

Cette décision ne paraît applicable aux doubles rangées d'arbres, qu'autant que les deux rangées seraient sur le terrein dépendant des chemins, car les riverains ayant la propriété de la 1.re rangée en dehors, croissant *sur les chemins ou dans les fossés qui en font partie*, il est évident que si, du côté de leur champ et sur leur terrein, il existait une ou plusieurs rangées d'arbres, ces arbres seraient leur propriété, indépendamment de la 1ere. rangée du chemin qui leur appartiendrait comme riverains.

Il faut donc que les deux rangées soient plantées sur le terrein public, c'est-à-dire, sur les chemins ou fossés qui en dépendent, pour que la commune ait le droit de réclamer la rangée intérieure.

On croit devoir répéter ici l'article 7 de l'arrêté du 29 juin 1807, parcequ'il est spécialement relatif aux plantations.

« Les plantations d'arbres ou de hayes, « faites par les riverains, sur les terreins ap- « partenant aux chemins, seront détruites, « d'après décision du Conseil de Préfecture.

« Les hayes existantes sur lesdits chemins, « mais n'empiétant pas sur la voie publique, « devront être taillées et rebarbées, en tems

« convenable, de manière à ne pas gêner « ceux qui fréquentent les chemins.

« Les commissaires-voyers, les maires et « les gardes-champêtres, veilleront à ce que « les hayes vives ne s'étendent jamais sur le « terrein des chemins, ils obligeront les ri- « verains à couper les branches, buissons, « épines etc, qui croitraient sur la voie « publique.

Il est évident que le 1er. alinéa de cet article ne s'applique pas à la 1ere rangée d'arbres appartenant aux riverains, en vertu de l'article 14 de la loi du 28 août 1792.

Au surplus, il présente une garantie certaine contre toute fausse application, puisqu'en vertu de ce même article, il faut une autorisation spéciale du Conseil de Préfecture, pour obliger un riverain à abattre des arbres ou hayes.

Une circulaire et un arrêté du 11 brumaire an 12, contiennent des dispositions pour recommander

commander ou prescrire la plantation des chemins, rues, etc.

Cet arrêté a été soumis à l'approbation de Son Excellence le Ministre de l'Intérieur, qui n'a fait aucune réponse, il est donc resté sans approbation.. à la vérité l'article 14, porte, qu'en attendant l'approbation du Ministre, et les changemens qu'il pourrait prescrire, les dispositions *préparatoires* dudit arrêté, n'en seront pas moins exécutées.

On ne rapportera donc ici que la circulaire et les dispositions de l'arrêté qui peuvent être considérées comme *préparatoires*, ou comme simple indication ou invitation.

Dans tous les cas de difficulté ou contestation, pour l'exécution de ces dispositions, il devrait en être référé au Préfet.

Le Général PRÉFET du Département du Pas-de-Calais.

Aux Sous-Préfets, aux Maires, et aux Habitans de ce Département,

CITOYENS,

« La saison de s'occuper d'un objet im-
« portant sous tous les rapports, des plan-

« tations, est arrivée. Je vous adresse un « arrêté qui en pose les bases. Je n'aurois « pas besoin de vous rappeller son utilité, « si l'insouciance qui, jusqu'à ce moment, « a fait négliger cette belle partie de la « fortune publique, ne me forçait à tirer « nos Concitoyens, de cette apathie si con- « traire à leurs véritables intérêts.

« Les Habitans du Pas-de-Calais, semblent « avoir oublié que cette précieuse préroga- « tive, qui excitait leur envie lorsqu'ils « n'étaient qu'Habitans de l'Artois, leur « appartient aujourd'hui; ceux à qui l'ar- « ticle 5 de l'ancienne coutume de ce pays « accordait ce privilège, avaient bien su « en profiter, et sans les nombreuses dila- « pidations qui ont fait disparaître ces ri- « chesses, on jouirait encore de la perspec- « tive agréable et imposante, qu'offraient « alors les chemins et les places publiques « des campagnes. La licence a tout détruit, « tout dévoré; la prudence doit réparer et « reproduire: hatez-vous donc, Citoyens, « d'user de l'un des bienfaits les plus mar- « qués de la révolution; ne craignez plus la

« hache de la malveillance; l'œuil vengeur « de la justice veille pour en empêcher et « pour en punir les effets : imitez l'active « prévoyance des habitans de quelques dé« partemens.

« Ce qu'on appelle une mesure, au ci« devant pays de Caux, (dit le Ministre de « l'Intérieur dans une circulaire du 25 ven« démiaire an 7), est une métairie avec plu« sieurs hectares en prés et en cloture; ces « corps de ferme sont enclos d'un triple rang « de hêtres, qui en occupent les crêtes et « les talus. On estime dans le pays qu'un « domaine n'est pas tenu d'une manière con« venable, s'il n'a des bois sur ses fossés « pour la valeur du fond.

« Qu'en étendant parmi nous cet exemple, « de longues files d'arbres forestiers bordent « les chemins et les propriétés; que des « plantations bien entendues convertissent « nos communes en de vastes jardins de « plaisance.

« La terre pierreuse, ou celle mêlée d'ar« gile, recevront également le chêne; l'orme

« et le frêne s'éleveront sur les sols meubles « et legers ; dans les terreins durs et mon- « tagneux, se reproduiront les hêtres et le « charme ; le chataignier se plait dans des « lieux humides et marécageux, mais il croît « aussi dans des terres arides et inutiles ; le « tilleul, le platane, le bois-blanc, l'érable « et le bouleau, retrouveront un sol propice.

« Que le noyer, le pommier et le poirier « à haute tige, réunissent, dans les marais « trop négligés, l'agrément et le produit ; « les marais, les rivières, se bordent de « saules, d'aulnes et de peupliers ; que ces « derniers entremêlés d'ifs et de buis, dé- « corent les cimetières ; leur aspect, leur « verd mélancolique, convient à ces champs « de repos et de vénération.

« Que le tremble et le genet, soient dé- « posés dans la terre abandonnée comme la « plus stérile, et elle sera rendue à l'utilité. « Enfin que des semis de bois soient tentés « dans ces champs ingrats, qui résistent à « toute autre culture ; que des pépinières se « forment et remplacent celles qui ont été « dévastées ou non entretenues.

« L'égoïste qui ne calcule que le profit « du moment, peut rester insensible à ce « tableau riant, crée pour l'avenir; mais « le vrai citoyen sait que les bénédictions « de la prospérité et la reconnaissance pu- « blique valent mieux que la jouissance « éphémère d'une fortune qui périt avec « son maître.

« Citoyens Sous-Préfets, unissez vos efforts « aux miens, pour assurer l'exécution de « l'un des plus beaux actes de notre carrière « administrative.

« Maires et Conseils Municipaux : l'exécu- « tion d'une mesure aussi importante au « bien commun, dépend entièrement de la « confiance que vous avez su mériter, et « dont vous ne pouvez faire un plus noble « usage, qu'en la faisant servir sans cesse à « l'avantage de tous les administrés habitans « du Pas-de-Calais ; c'est votre propre in- « térêt que je vous recommande ; et en y « travaillant, vous vous acquérerez un titre « glorieux et immortel, celui de bienfaiteur « de la race future.

Extrait de l'Arrêté du 11 Brumaire an 12.

LE PRÉFET,

« Considérant que les plantations sont une « des branches les plus importantes de « l'économie rurale; que l'intérêt des com- « munes et celui des particuliers, concourent « également à ce que le sol de ce départe- « ment soit couvert des arbres qui lui man- « quent.

ARRÊTE ce qui suit:

« Les Chemins Vicinaux, les places publi- « ques, les grandes rues, les flégards, les « voiries et cimetières, les terreins vagues, « ceux marécageux, les bords des rivières « non navigables, des ruisseaux, des torrens « et des fossés, les crêtes et les talus, situés « dans le territoire de chaque commune « rurale seront plantés.

« Dans les villes, les promenades, les « avenues, les bords des rivières et canaux « qui n'appartiennent pas au domaine, les

« places, et tous les terreins qui ne ser-« vent pas à la voie publique, ou qui ne « sont pas consacrés à des usages particuliers, « seront aussi plantés.

« Les Conseils Municipaux, détermineront « toutes les portions de terreins susceptibles « d'être plantés, la quantité de pieds d'arbres « qui devra être employée, l'espèce qui « conviendra le plus à chaque partie, selon « la nature du sol, et les alignemens qui « devront être suivis.

« Les Conseils Municipaux, indiqueront « les moyens de pourvoir à la dépense des « plantations qui seront à faire pour le compte « de la commune, soit par la vente des « arbres qui leur appartiendraient, et qui « seront jugés dans le cas d'être abattus, « soit par des emprunts affectés sur les « plantations.

« Ils délibéreront enfin sur les moyens de « former dans les terreins qui appartiennent « aux communes, des semis et des pépinières « d'arbres forestiers et fruitiers, tant pour

« en faire un objet de spéculation qui en ac-
« croisse les revenus, que pour remplacer
« les plans qui viendraient à faillir, et con-
« server ceux qui resteraient à former.
« Les plantations sur les rues, les pla-
« ces et les chemins, se feront par presta-
« tions en nature, en suivant les régles et
« les proportions établies par l'arrêté du 12
« prairial an 11, relatifs aux réparations des
« Chemins Vicinaux.

Régle pour les Riverains.

« Tous les chemins de chaque territoire,
« qui n'appartiennent pas à la grande voirie,
« et qui ont 9 mètres, 745 millimètres de
« largeur, (30 pieds de 12 pouces), seront
« plantés des deux côtés à la distance d'un
« mètre 624 millimètres, (5 pieds) des
« murs, murets et autres propriétés rive-
« raines, à celle de 5 mètres 846 millimè-
« tres, (18 pieds) d'un arbre à l'autre sur
« la même ligne, et à celle de 6 mètres
« 496 millimètres, (20 pieds) en lignes
« parallèles.

Les

« Les chemins qui excèderont cette lar-
« geur, pourront être plantés d'une ou de
« deux doubles rangées, en observant les
« distances ci-dessus, et celle de six mètres
« entre chaque ligne doublée.

« Ceux qui n'ont que 8 mètres 120 mil-
« mètres (25 pieds) de largeur, ne pourront
« être plantés que d'un côté.

« Ceux qui n'auront pas 7 mètres, ne le
« seront pas, à moins qu'ils ne soient bor-
« dés de crêtes ou de fossés, sur les talus
« desquels les plants puissent être disposés
« de manière que les corps des arbres pa-
« rallèles conservent la distance de 20 pieds.

« Les rues des communes rurales qui
« n'ont que 8 mètres 120 millimètres, (25
« pieds) de largeur, et qui sont bâties des
« deux côtés, ne seront pas plantées; celles
« qui n'ont qu'une ligne de bâtimens, le
« seront du côté opposé.

« Les rues qui auront 11 mètres 769 mil-
« limètres, (35 pieds) de largeur, pourront
« recevoir deux rangées d'arbres.

« Les places publiques, celles vagues à
« l'entrée et dans l'intérieur des communes,
« auront autant de lignes d'arbres que la
« prudence et l'ornement pourront le per-
« mettre, en conservant néanmois les inter-
« valles nécessaires aux jeux et aux exercices
« du corps, et qui ne pourront être moindre
« de 25 mètres, (75 à 80 pieds) de la dis-
« tance des bâtimens, murs, murets et
« héritages, et celle d'un arbre à l'autre sur
« la même ligne, exprimée en l'article 5,
« ainsi que les alignemens mentionnés en
« l'article 3, seront rigoureusement obser-
« vées sous peine de déplacement des arbres,
« aux frais des contrevenans, et sous les
« les autres peines de droit s'il y échet.

« Les plantations sur les bords des rivières
« non navigables, ou celles des marais com-
« muns et des voiries, ne pourront être faites
« que pour le compte de la commune, ces
« arbres pourront n'être éloignés sur la même
« ligne que de 4 à 5 mètres (12 à 15 pieds).

« Ceux plantés par les particuliers sur les
« crêtes, fossés, torrens, ruisseaux qui bor-

« dent leurs propriétés, autres que celles « situées le long des chemins, pourront aussi « l'être à cette dernière distance.

DISPOSITIONS du Code Pénal, qui ont rapport aux Chemins.

Art. 437. « Quiconque aura volontaire« ment détruit ou renversé par quelque « moyen que ce soit, en tout ou en partie, « *des édifices*, *des ponts*, *digues ou chaus-* « *sées*, ou autres constructions qu'il savait « appartenir à autrui, sera puni de la ré« clusion et d'une amende qui ne pourra « excéder le quart des restitutions et indem« nités, n'y être au-dessous de 100 francs.

Art. 445. « Quiconque aura abattu un ou « plusieurs arbres qu'il savait appartenir à « autrui, sera puni d'un emprisonnement qui « ne sera pas au-dessous de six jours, ni « au-dessus de six mois, à raison de chaque « arbre, sans que la totalité puisse excéder « cinq ans.

Art. 446. « Les peines seront les mêmes « à raison de chaque arbre mutilé, coupé « ou écorcé, de manière à le faire périr.

Art. 456. « Quiconque aura, en tout ou « en partie, comblé des fossés, détruit des « clôtures, de quelques matériaux qu'elles « soient faites, coupé ou arraché des hayes « vives ou séches ; quiconque aura déplacé « ou supprimé des bornes ou pieds corniers, « ou autres arbres plantés ou reconnus pour « établir les limites entre différens héritages, « sera puni d'un emprisonnement qui ne « pourra pas être au-dessous d'un mois, ni « excéder une année, et d'une amende égale « au quart des restitutions et des dommages « intérêts, qui, dans aucun cas, ne pourra « être au-dessous de 50 francs.

Art. 471. « Seront punis d'amende, de- « puis 1 franc jusqu'à 5 fr. inclusivement.

3°. « Les aubergistes et autres, qui, obli- « gés à l'éclairage, l'auront négligé ; ceux « qui auront négligé de nettoyer les rues ou « passages, dans les communes où ce soin « est laissé à la charge des habitans.

4°. « Ceux qui auront embarassé la voie
« publique, en y déposant ou y laissant,
« sans nécessité, des matériaux, ou des
« choses quelconques, qui empêchent ou
« diminuent la liberté ou la sureté du pas-
« sage; ceux qui, en contravention aux lois
« et réglemens, auront négligé d'éclairer les
« matériaux par eux entreposés, ou les ex-
« cavations par eux faites dans les rues
« et places.

5°. « Ceux qui auront négligé ou refusé
« d'exécuter les réglemens ou arrêtés con-
« cernant la petite voirie, ou d'obéir à la
« sommation émanée de l'autorité adminis-
« trative, de réparer ou démolir les édifices
« menaçant ruine.

6°. « Ceux qui auront jetté ou exposé au-
« devant de leurs édifices, des choses de
« nature à nuire par leur chûte, ou par des
« exhalaisons insalubres.

7°. « Ceux qui auraient laissé dans les
« rues, chemins, places, lieux publics,
« ou dans les champs, des coutres de char-

« rues, pinces, barres, barreaux, ou autres « machines, ou instrumens ou armes, dont « puissent abuser les voleurs et autres mal- « faiteurs.

ART. 475. « Seront punis d'amende de- « puis 6 francs, jusqu'à 10 francs inclusi- « vement.

5°. « Ceux qui auront établi ou tenu dans « les rues, chemins, places ou lieux pu- « blics, des jeux de loterie, ou d'autres « jeux de hazard.

ART. 479. « Seront punis d'une amende « de 11 à 15 francs inclusivement.

4°. « Ceux qui auront volontairement causé « du dommage aux propriétés mobiliaires « d'autrui, ou qui auront occasionné la mort « ou la blessure des animaux ou bestiaux « appartenant à autrui, par la vétusté, la « dégradation, le défaut de réparation ou « d'entretien des maisons ou édifices, ou « par l'encombrement ou l'excavation, ou « telles autres œuvres, *dans ou près les*

« *rues, chemins, places on voies publiques*;
« sans les précautions ou signaux ordonnés
« ou d'usage. »

RÉSUMÉ.

Les Chemins Vicinaux sont la propriété des communes, à moins que les riverains ne justifient par titre de leurs droits.

L'administration des Chemins Vicinaux, appartient aux maires et aux Conseils Municipaux.

Leur surveillance est aussi confiée à des commissaires-voyers-généraux, pris dans le Conseil général, dans les Conseils d'arrondissement, et dans la classe des principaux propriétaires, et qui ont bien voulu se charger de concourir avec Messieurs les maires, pour reconnaître et constater les empiétemens et usurpations commises sur les Chemins Vicinaux, en procurer la restitution, et faire opérer les travaux et réparations nécessaires pour tenir ces chemins en bon état, et assurer l'exécution des lois et arrêtés relatifs à cette partie.

Il existe dans chaque canton un arpenteur-voyer, que les maires et les commissaires-voyers-généraux, peuvent employer en cas de besoin, pour les aider dans leurs opérations, constater les largeurs, les anticipations, dresser les plans nécessaires, etc.

Le Préfet sur l'avis du Sous-Préfet, fixe la largeur des chemins, que l'on ne peut changer sans une autorisation.

Le Préfet ou le Conseil de Préfecture, suivant les cas, peuvent ordonner la suppression d'un chemin inutile.

L'élargissement d'un chemin reconnu trop étroit ne peut être effectué qu'après avoir rempli les formalités suivantes.

La

La nécessité d'élargir le chemin, doit être constatée par le Conseil municipal, et par le commissaire-voyer-général.

La délibération du Conseil, et le rapport du commissaire-voyer-général, doivent être accompagnées :

1°. D'un plan du chemin indicatif des terreins particuliers qu'il est nécessaire d'y réunir.

2°. D'un procès-verbal de mesurage et estimation de ces terreins.

3°. Du consentement ou des observations contradictoires des propriétaires de ces terreins.

Le Préfet ordonne la restitution des emprises reconnues par les usurpateurs.

Le Conseil de Préfecture prononce sur les anticipations contestées.

Les arrêtés du Préfet, et ceux du Conseil de Préfecture, sont exécutés par voie administrative, et de la même manière que s'il s'agissait de travaux de réparations.

Les Chemins Vicinaux sont entretenus par voie de prestations en nature.

Néanmoins les communes qui ont des fonds disponibles, peuvent demander et obtenir l'autorisation d'employer une partie de ces fonds pour faire exécuter par des ouvriers salariés, soit le ramassage des cailloux, soit les travaux de réparations.

Les états de répartition et réquisitions pour es réparations par prestations en nature, sont dressés par le Conseil municipal, en cas de contestation ils sont soumis à l'approbation dn Sous-Préfet.

Les refusans ou retardataires, et ceux qui ne feraient qu'imparfaitement le travail qui leur est assigné, sont avertis par le garde-champêtre, d'après l'ordre du maire, de satisfaire à la réquisition dans un délai que le maire détermine.

A l'expiration de ce délai, si le travail n'est pas fait ou ne l'est qu'imparfaitement, le maire en dresse procès-verbal.

Il fait ensuite exécuter le travail par des ouvriers salariés aux frais des refusans.

Si ces derniers refusent de payer la taxe de remplacement, le maire en dresse l'état, le certifie et l'envoie au Sous-Préfet pour être rendu exécutoire.

La même marche doit être suivie pour les restitutions d'emprises ordonnées par arrêtés du Préfet, ou du Conseil de Préfecture.

Les commissaires-voyers-généraux peuvent exiger des maires, un rapport trimensuel sur la situation des chemins de leur commune respective.

Ils doivent visiter par eux-mêmes les chemins, au moins deux fois par an, l'une au commencement de la saison, pour reconnaître l'état des chemins, et se faire rendre compte des mesures que les maires auraient prises ou se proposeraient de prendre; l'autre après la moisson, pour constater si les travaux reconnus nécessaires dans la première visite ont été effectués.

Les commissaires-voyers-généraux envoyent au Sous-Préfet de leur arrondissement leurs rapports par communes de ces visites.

S'il résulte de ces rapports qu'il soit nécessaire de prendre des mesures à l'égard d'une commune, le Sous-Préfet, après avoir pris les observations du maire, les transmet au Préfet avec le procès-verbal du commissaire-voyer-général et son avis.

Les rapports ou procès-verbaux qui constatent seulement que les chemins sont en bon état, ou que des mesures sont prises pour les faire réparer, doivent rester entre les mains des Sous-Préfets, qui peuvent se borner à en faire connaître le résultat au Préfet.

Il est des communes ou l'on substitue aux prestations en nature, la prestation pécuniaire ou taxe de remplacement, afin de pouvoir faire effectuer les travaux par des ouvriers salariés... ce mode ne peut-être exécuté sans l'autorisation du Préfet.

Lorsque cette autorisation est accordée, l'état de répartition doit être dressé de la même manière que si les réparations devaient être faites par prestations en nature, c'est-à-dire présenter, dans une colonne, le nombre de voitures à fournir par les cultivateurs, et dans une autre, le nombre des journées de travail manuel que chaque chef de famille doit fournir d'après les bases fixées par les arrêtés... une autre colonne doit présenter la somme à payer par chacun en remplacement de la prestation en nature, et cette taxe est qualifiée *prestation pécuniaire ou taxe de remplacement*... Elle est fixée d'après les bases établies par l'arrêté du 12 prairial an 11, à moins que le taux de cette taxe n'ait été réglé par l'arrêté spécial qui aura autorisé l'emploi de ce mode.

La première opération des commissaires-voyers-généraux a été comme on l'a vu de vérifier.

1°. L'exactitude de l'état des chemins, dressé en exécution du réglement du 30 prairial an 13 et des arrêtés antérieurs.

2°. Si les *emprises* ont été restituées, et si les arrêtés du Conseil de Préfecture, qui en ont ordonné la restitution, ont été exécutés.

L'orsqu'un état est reconnu exact, le commissaire-voyer-général doit le renvoyer au Sous-Préfet avec son rapport.

Si les usurpations ne sont pas restitués, le rapport doit en faire mention, mais il doit être procéde comme il est dit ci-dessus pour faire opérer ces restitutions.

L'orsqu'un état est reconnu inexact ou incomplet, le commissaire-voyer-général, et le maire de la commune en dressent un nouveau, ils peuvent se faire aider pour cette opération par l'arpenteur-voyer du canton.

Le nouvel état est communiqué au Conseil municipal qui y joint son approbation ou ses observations.

Il est ensuite affiché dans la commune pendant 15 jours, afin que chacun puisse en prendre connaissance et le contredire.

S'il n'est pas contredit, il est envoyé au Sous-Préfet pour être transmis au Préfet, avec son avis.

S'il est contredit, les observations et réclamations sont communiquées au Conseil municipal, puis au commissaire-voyer-général, qui y joignent leurs contre-observations; le tout est envoyé au Préfet qui statne ou soumet l'objet au Conseil de Préfecture.

Lorsqne tous ces états de commnnes seront parvenus à la Préfecture, le Prefet prendra un arrêté pour fixer la largeur de tous les chemins.

Jusques-là cette largeur est censée fixée par l'état, et doit être maintenue telle qu'elle est portée sur cet état.

www.ingramcontent.com/pod-product-compliance
Ingram Content Group UK Ltd.
Pitfield, Milton Keynes, MK11 3LW, UK
UKHW020942180726
13838UKWH00003B/1074

9 782329 277400